기초관광생활 중국어

박 지 언 저

신화

목 차

발음

1. 번체자 vs 간체자

현재 대만, 대한민국 등에서 사용하는 복잡한 형태를 가지고 있는 한자를 번체자라고 하며, 번체자의 복잡하고 어려운 부분을 간단하게 변형한 글자를 간체자라고 한다. 현재 중국에서 이 간체자를 사용한다.

Ex) 國家 ⇒ 国家

2. 한어병음

중국어는 각 글자가 일정한 뜻을 가지고 있을 뿐만 아니라 발음도 각기 다르다. 중국어는 발음을 표기하기 위하여 알파벳 로마자를 차용하여 사용하는데, 알파벳 발음과는 상당히 다르므로 주의해야 한다.

Ex) 国家 ⇒ guójiā

3. 성조

중국어는 각 글자마다 고유한 음의 높이를 가지고 있는데, 이를 성조라고 한다. 중국어는 1성, 2성, 3성, 4성, 즉 4개의 성조로 이루어져 있다.

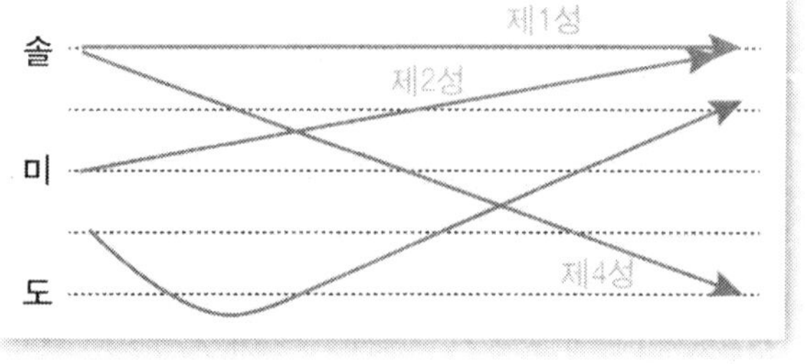

* 경성 : 짧고 가볍게 발음하는 소리로 성조는 표시하지 않는다.

4. 성모, 운모

한어병음은 성모(자음)와 운모(모음)로 이루어져 있다.

① 성모 : 한어병음에서 첫 머리에 오는 자음

b	p	m	f			
d	t	n	l			
g	k	h	j	q	x	
z	c	s	zh	ch	sh	r

② 운모 : 한어병음에서 성모를 제외한 나머지 부분

a	o	e	i	u	ü	
ai	ei	ao	ia	ie	iao	iou
ua	uo	uai	uei	üe		
an	en	ang	eng	ong		

ian	in	iang	ing	iong	
uan	uen	uang	ueng	üan	ün
er					

5. 성조의 변화

① 3성+3성 ⇒ 2성+3성

3성이 연속으로 올 때 앞 3성은 2성으로 변한다.

Ex) 你好 nǐ hǎo ⇒ ní hǎo (발음시)

② 不의 성조변화

不는 원래 4성(bù)이지만, 뒤에 4성이 올 때는 2성(bú)으로 바뀐다.

Ex) 不吃 ⇒ bù chī
不谢 ⇒ bú xiè

Part I

기초실용회화

01

你好!

핵심체크

- 기본인사말
- 때에 따른 인사말
- 감사와 미안함을 나타내는 말

단어학습

你	nǐ	너, 당신
好	hǎo	좋다, 안녕하다.
您	nín	당신(你의존칭, 격식을 차릴 때 쓰임)
你们	nǐmen	너희들, 당신들
大家	dàjiā	여러분
老师	lǎoshī	선생님
再见	zàijiàn	안녕(헤어질 때 인사말) * 慢走 mànzǒu 안녕히 가세요, 잘 가.
谢谢	xièxie	감사합니다.
不	bù	* 동사, 형용사 뒤에서 부정을 나타내는 표현
不客气	bú kèqi	별말씀을요(谢谢에 대한 대답)
不谢	bú xiè	별말씀을요(谢谢에 대한 대답)
对不起	duìbuqǐ	미안합니다.
没关系	méi guānxi	괜찮습니다.(对不起에 대한 대답)
没事	méishì	괜찮습니다.(对不起에 대한 대답)
早上	zǎoshang	아침
晚上	wǎnshang	저녁

* 不好意思 bùhǎoyìsi : 미안합니다. 실례합니다. 부끄럽습니다.
* 晚安 wǎn'ān : 안녕히 주무세요.

본문 1

A：你好！
Nǐ hǎo!

B：你好！
Nǐ hǎo!

A：您好!
Nín hǎo!

B：你好!
Nǐ hǎo!

A：大家好！
Dàjiā hǎo

B：老师好！
Lǎoshī hǎo!

해석

A : 안녕!
B : 안녕!
A : 안녕하세요!
B : 안녕하세요!
A : 여러분 안녕하세요!
B : 선생님 안녕하세요!

본문 2

A : 你早!
Nǐ zǎo!

B : 早上好!
Zǎoshang hǎo!

A : 你好!
Nǐ hǎo!

B : 晚上好!
Wǎnshang hǎo!

해석

A : 안녕하세요!(아침인사)
B : 안녕하세요!(아침인사)

A : 안녕하세요!
B : 안녕하세요!(저녁인사)

본문 3

A：再见!
Zàijiàn!

B：再见!
Zàijiàn!

A：再见!
Zàijiàn

B：慢走!
Mànzǒu!

A：晚安!
Wǎn′ ān!

B：晚安!
Wǎn′ ān!

해석

A : 안녕히계세요!
B : 안녕!
A : 안녕히 계세요!
B : 안녕히 가세요!
A : 잘 자!
B : 잘 자!

어법 및 표현체크

1. 중국에서 남녀노소, 때를 불문하고 가장 기본적인 인사말로는 你好가 일반적으로 쓰인다.

2. 您好는 공식석상에서 혹은 연장자에게 쓰는 말로 你好 보다 격식을 갖춘 표현이다.

3. 영어와 같이 중국어에서도 때에 따른 인사말을 다양하게 가지고 있다. 你早, 早上好, 晚上好 등이 대표적인 예다.

4. 미안함을 나타내는 对不起에 대한 대답으로는 没关系, 没事가 있는데, 没关系는 주로 공식적인 자리에서 예의를 갖춘 표현이고, 没事는 친한 사이에서 편하게 쓰는 표현이다.

5. 보통 헤어질 때, 再见을 많이 쓰지만, 慢走도 상점 등에서 '안녕히 가세요, 잘 가세요'의 의미로 빈번하게 쓰인다.

연·습·문·제

1. 다음을 중작하시오.

① 안녕하세요.

② 고맙습니다.

③ 미안합니다.

④ 안녕히 가세요.

⑤ 안녕히 주무세요.

2. 알맞은 짝을 찾아 연결하시오.

⑥ 再见	不客气
⑦ 谢谢	没关系
⑧ 对不起	慢走
⑨ 晚安	晚安

02

我是大学生。

핵심체크

- 주어+술어+보어문형
- 주어+술어+보어문형의 의문문 만들기
- 주어+술어+보어문형의 부정문 만들기
- 가족관계를 나타내는 표현
- 인칭 대명사

단어학습

我	wǒ	나
见	jiàn	보다.
很	hěn	매우, 아주
高兴	gāoxìng	기쁘다.
大学生	dàxuésheng	대학생
谁	shuí	누구
高中生	gāozhōngshēng	고등학생
吗	ma	의문문을 나타내는 어기조사
她	tā	그녀
姐姐	jiějie	언니, 누나
妹妹	mèimei	여동생
老师	lǎoshī	선생님
高中生	gāozhōngshēng	고등학생
公司职员	gōngsīzhíyuán	회사원

본문1

A：你好!
Nǐ hǎo!

B：你好!
Nǐ hǎo!

A：我是金美林。见到你很高兴。
Wǒ shì Jīn Měilín. Jiàndào nǐ hěn gāoxìng.

B：见到你我也很高兴。
Jiàndào nǐ wǒ yě hěn gāoxìng.

해석

A : 안녕하세요.
B : 안녕하세요.

A : 저는 김미린입니다. 만나서 반갑습니다.
B : 저도 만나서 반갑습니다.

본문 2

A：你好！我是金美林。我是大学生。
Nǐ hǎo! Wǒ shì Jīn Měilín. Wǒ shì dàxuésheng.

B：他是谁?
Tā shì shuí?

A：他是我的弟弟。
Tā shì wǒ de dìdi.

B：他也是大学生吗?
Tā yě shì dàxuésheng ma?

A：他不是大学生，是高中生。
Tā bú shì dàxuésheng, shì gāozhōngshēng.

해석

A : 안녕하세요. 저는 김미린입니다. 대학생입니다.
B : 그는 누구입니까?
A : 그는 내 남동생입니다.
B : 그도 대학생입니까?
A : 그는 대학생이 아니고 고등학생입니다.

본문 3

A：她是你的姐姐吗?
Tā shì nǐ de jiějie ma?

B：她不是我的姐姐，是我的妹妹。
Tā bú shì wǒ de jiějie, shì wǒ de mèimei.

A：她是老师吗?
Tā shì lǎoshī ma?

B：不是, 她是公司职员。
Bú shì, tā shì gōngsīzhíyuán.

해석

A : 그녀가 너의 언니니?
B : 우리 언니 아니고, 내 동생이야.
A : 선생님이니?
B : 아니, 회사원이야

어법 및 표현체크

1. 是자문(주어+是+보어)

是자문은 是가 술어로 쓰인 문장으로 '~은 ~이다'의 뜻을 나타내는 문형이다. 是자문 앞·뒤 주어와 보어 자리에 여러 가지 단어를 치환하여 사용함으로써 다양한 문장을 만들 수 있다.

예	나는 학생이다.	我是学生
	그는 학생이다.	他是学生。
	나의 아빠는 선생님이다.	我爸爸是老师。

2. 是자문의 의문문 만들기

의문문 만들기의 기본적인 법칙은 문장 끝에 吗를 붙이는 것이다. 是자문 역시 문장 끝에 吗를 붙인다.

예	他是老师。	그는 선생님이다.
	他是老师吗?	그는 선생님입니까?

3. 是자문의 부정문 만들기

부정문 만들기의 기본적인 법칙은 술어 앞에 不를 붙이는 것이다. 是자문의 경우, 是가 술어로 쓰였으므로 是 앞에 不를 붙인다.

예	我妈妈是老师。	우리 엄마는 선생님입니다.
	我妈妈不是老师。	우리 엄마는 선생님이 아닙니다.

4. 的

사람이나 사물에 대한 소유 혹은 소속을 나타내는 것으로 '~의'의 뜻으로 쓰인다. 대명사 혹은 명사+的+명사의 순서로 쓰인다.

예	他的弟弟	그의 남동생
	我的学校	나의 학교

* 가족관계나 소속 집단 등을 나타내는 경우에는 的를 생략할 수 있다.

예	我的弟弟	(O)
	我弟弟	(O)
	我的学校	(O)
	我学校	(O)

연·습·문·제

1. 다음 단어를 알맞은 순서대로 배열하시오.

① 我 大学生 是

② 他 妈妈 老师 是

③ 你 姐姐 的 是 不 大学生

④ 他 是 马 哥哥

2. 다음 알맞은 것끼리 짝지으시오.

① 爸爸	• jiějie	• 형, 오빠
② 姐姐	• mèimei	• 엄마
③ 妹妹	• bàba	• 아빠
④ 哥哥	• māma	• 여동생
⑤ 妈妈	• gēge	• 누나, 언니

핵심표현

我是大学生。

我的妈妈是老师。

你哥哥是学生吗?

我弟弟不是大学生。

他是老师。

03

您贵姓?

핵심체크

- 이름을 묻는 표현
- 의문 대명사

단어학습

初次	chūcì	처음
见面	jiànmiàn	만나다.
贵	guì	귀하다, 비싸다.
姓	xìng	성
认识	rènshi	알다, 인식하다.
高兴	gāoxìng	기쁘다.
什么	shénme	무슨, 무엇
名字	míngzi	이름

본문 1

A：初次见面！你好！
Chūcì jiànmiàn! nǐ hǎo!

B：初次见面！
Chūcì jiànmiàn! nǐ hǎo!

A：您贵姓?
Nín guì xìng?

B：我姓李，叫王敏。
Wǒ xìng Lǐ, jiào Wángmǐn.

A：我叫金美林，认识你很高兴。
Wǒ jiào Jīn Měilín, rènshi nǐ hěn gāoxìng.

B：认识你我也很高兴。
Rènshi nǐ wǒ yě hěn gāoxìng.

해석

A : 처음 뵙겠습니다. 안녕하세요.
B : 처음 뵙겠습니다.
A : 존함이 어떻게 되십니까?
B : 성은 이고, 이름은 왕민입니다.
A : 저는 김미린입니다. 만나서 반갑습니다.
B : 만나게 되서 저도 반갑습니다.

본문 2

A：你好!
Nǐ hǎo!

B：你好!
Nǐ hǎo!

A：你叫什么名字?
Nǐ jiào shénme míngzi?

B：我叫金美林。你呢?
Wǒ jiào Jīn Měilín. Nǐ ne?

A：我叫金银庭。
Wǒ jiào Jīn Yíntíng.

해석

A : 안녕.
B : 안녕.
A : 이름이 어떻게 돼?
B : 김미린이야. 너는?
A : 나는 김은정이야.

어법 및 표현체크

1. 이름을 묻는 표현은 상대방에 따라서 다르다. 자신보다 나이가 많은 사람이나 처음 만난 사람에게는 격식을 갖춰 您贵姓？이라고 묻는 것이 좋고, 또래 혹은 자기보다 어린 사람에게는 你叫什么名字? 라고 편하게 물어볼 수 있다.

예 ★ 자기 보다 나이가 많거나 처음 만난 사람에게 격식을 갖춘 표현

您贵姓?

我姓王，叫王敏。

★ 또래 혹은 자신보다 나이가 어린사람

你叫什么名字?

我叫金美林。

2. 의문대명사什么

무슨 혹은 무엇의 뜻으로 형용사 혹은 명사로 쓰인다.

★ 什么名字 무슨이름(형용사+명사)

★ 喜欢什么 무엇을 좋아하니(동사+명사)

핵심표현

你叫什么名字?
您贵姓?
初次见面。
认识你很高兴。

연·습·문·제

1. 다음 단어를 어순에 맞게 배열하시오.

① 他　妹妹　叫　的　什么　名字

② 你　认识　高兴

2. 다음을 중작하시오.

① 처음 뵙겠습니다.

② 성함이 어떻게 되시지요?

04

这是什么?

핵심체크

- 주어+술어+목적어 구문
- 주어+술어+목적어 구문의 의문문 만들기
- 주어+술어+목적어 구문의 부정문 만들기
- 지시 대명사

단어학습

这	zhè	이것
书	shū	책
那	nà	저것
铅笔	qiānbǐ	연필
那么	nàme	그러면
吃	chī	먹다.
米饭	mǐfàn	쌀밥
喝	hē	마시다.
牛奶	niúnǎi	우유
咖啡	kāfēi	커피
看	kàn	보다.
报纸	bàozhǐ	신문
电影	diànyǐng	영화
买	mǎi	사다.
水果	shuǐguǒ	과일
面包	miànbāo	빵

본문 1

A：这是什么?
Zhè shì shénme?

B：这是书。
Zhè shì shū.

A：那么，那是什么?
Nàme, nà shì shénme?

B：那是铅笔。
Nà shì qiānbǐ.

해석

A : 이것은 무엇입니까?
B : 이것은 책입니다.

A : 그럼, 저것은 무엇입니까?
B : 저것은 연필입니다.

본문 2

A：你吃什么?
Nǐ chī shénme?

B：我吃米饭。
Wǒ chī mǐfàn.

A：你喝什么?
Nǐ hē shénme?

B：我喝牛奶。
Wǒ hē niúnǎi.

A：她喝咖啡吗?
Tā hē kāfēi ma?

B：她不喝咖啡。
Tā bù hē kāfēi.

해석

A : 무엇을 먹습니까?
B : 쌀밥을 먹습니다.
A : 무엇을 마십니까?
B : 우유를 마십니다.
A : 그녀는 커피를 마십니까?
B : 그녀는 커피를 안 마십니다.

본문 3

A：你看什么?
Nǐ kàn shénme?

B：我看报纸。
Wǒ kàn bàozhǐ.

A：那么，你看什么?
Name, nǐ kàn shénme?

B：我看电影。
Wǒ kàn diànyǐng.

해석

A : 무엇을 보십니까?
B : 신문을 봅니다.

A : 그럼 당신은 무엇을 보십니까?
B : 저는 영화를 봅니다.

본문4

A：你买什么?
Nǐ mǎi shénme?

B：我买水果。
Wǒ mǎi shuǐguǒ.

A：那么，你妈妈买什么?
Name, nǐ māma mǎi shénme?

B：我妈妈买面包。
Wǒ māma mǎi miànbāo.

해석

A : 무엇을 사십니까?
B : 과일을 삽니다.

A : 그럼, 당신의 어머니는 무엇을 사십니까?
B : 우리 어머니는 빵을 사십니다.

어법 및 표현체크

1. 주어 + 술어 + 목적어 구문은 '~이 ~을 하다'의 뜻으로 주어의 동작이나 행위를 나타낸다.

★ 我爱你。 나는 당신을 사랑합니다.

★ 我姐姐吃比萨饼。 우리 언니는 피자를 먹는다.

2. 주어 + 술어 + 목적어 구문의 의문문

기본 의문문을 만드는 법칙과 마찬가지로 문장 끝에 吗를 붙인다.

你爸爸爱我。 네 아빠가 나를 사랑한단다.

★ 你爸爸爱我妈？ 네 아빠가 나를 사랑하니?

3. 주어 + 술어 + 목적어 구문의 부정문

기본 부정문을 만드는 법칙과 마찬가지로 술어 앞에 不를 붙인다.

我不吃牛肉 저는 소고기를 먹습니다.

★ 我不吃牛肉。 저는 소고기를 먹지 않습니다.

연·습·문·제

1. 다음 문장의 의문문, 부정문을 만드시오.

他哥哥喜欢水果。

(의문문)

①

(부정문)

②

我爸爸买蔬菜。

(의문문)

①

(부정문)

②

2. 다음 단어를 바른 순서대로 배열하시오.

① 的 他 弟弟 爱 吃 汉堡包 吗

② 我 看 喜欢 不 恐怖电影

05

你很漂亮。

핵심체크

- 형용사 술어문
- 형용사 술어문의 의문문 만들기
- 형용사 술어문의 부정문 만들기

단어학습

最近	zuìjìn	최근
忙	máng	바쁘다.
漂亮	piàoliang	예쁘다.
哪儿啊	Nǎr a	무슨 말씀을요, 천만에요
什么	shénme	무엇, 무슨
荔枝	lìzhī	리찌(과일의 한 종류)
好吃	hǎochī	맛있다.
怎么样	zěnmeyàng	어떻다.
长得	zhǎng de	잘 생기다.
个子	gèzi	키
有点儿	yǒudiǎnr	조금
矮	ǎi	(키가)작다.

본문 1

A : 你好!
Nǐ hǎo!

B : 你好!
Nǐ hǎo!

A : 最近你忙吗?
Zuìjìn nǐ máng ma?

B : 最近我很忙。
Zuìjìn wǒ hěn máng.

A : 她是你的姐姐吗?
Tā shì nǐ de jiějie ma?

B : 她不是我的姐姐。她是我的妹妹。
Tā bú shì wǒ de jiějie. Tā shì wǒ de mèimei.

A : 你的妹妹很漂亮。
Nǐ de mèimei hěn piàoliang.

B : 哪儿啊! 谢谢。
Nǎr a! xièxie.

해석

A : 안녕하세요.
B : 안녕하세요.
A : 요즘 바쁩니까?
B : 요즘 바쁩니다.
A : 그녀가 당신의 누나입니까?
B : 우리 누나가 아니고 내 여동생입니다.
A : 여동생이 예쁘군요.
B : 뭘요! 감사합니다.

본문 2

A：这是什么?
Zhè shì shénme?

B：这是荔枝。
Zhè shì lìzhī.

A：好吃吗?
Hǎochī ma?

B：很好吃。
Hěn hǎochī.

해석

A : 이게 뭐지요?
B : 리찌입니다.

A : 맛있나요?
B : 맛있습니다.

본문 3

A : 你好!
Nǐ hǎo!

B : 你好!
Nǐ hǎo!

A : 他怎么样?
Tā zěnmeyàng?

B : 他长得很帅。
Tā zhǎngde hěn shuài.

A : 他个子怎么样?
Tā gèzi zěnmeyàng?

B : 他个子有点儿矮。
Tā gèzi yǒudiǎnr ǎi.

해석

A : 안녕!
B : 안녕!
A : 그 사람 어때?
B : 얼굴이 잘 생겼어.
A : 그 사람 키는 어때?
B : 키는 좀 작아.

본문4

A：我的妹妹漂亮不漂亮?
Wǒ de mèimei piàoliàng bú piàoliàng?

B：你的妹妹很漂亮。
Nǐ de mèimei hěn piàoliàng.

她也是学生吗?
Tā yě shì xuésheng ma?

B：不是, 她是公司职员。
Bú shì, tā shì gōngsīzhíyuán.

해석

A : 내 여동생 예뻐 안 예뻐?
B : 여동생 예쁘네.
그녀도 학생이니?
A : 아니, 회사원이야.

어법 및 표현체크

1. 형용사 술어문

형용사가 술어가 되는 문장으로 형용사 자체가 술어의 성격을 포함하고 있으므로 술어를 반복해서 쓰지 않는다.

他是很漂亮。 (X)

她很漂亮。 (O)

★ 漂亮(예쁘다, 형용사)이 이미 술어의 성격을 가지고 있으므로 술어 是(～이다)를 반복해서 쓰지 않는다.

2. 형용사 술어문에서의 很

很은 원래 '매우, 아주'의 의미지만 형용사 술어문에서는 습관적으로 형용사 앞에 붙어서 쓰이므로 해석시 '매우, 아주'의 의미로 해석하지 않는다.

她很漂亮。 그녀는 매우 예쁩니다(X) 그녀는 예쁩니다.

★ 다만 말할 때, 很을 강하게 발음할 경우, 강조용법으로 '매우'의 의미가 살아난다. 따라서 '매우, 아주'로 해석할 수 있다.

★ 很이 쓰인 형용사 술어문을 의문문, 부정문으로 바꿀시 很을 쓰지 않는다.

她很漂亮。 그녀는 예쁩니다.

她很漂亮吗? (X)　　她漂亮吗? (O)

他不很漂亮。 (X)　　他不漂亮。 (O)

3. 정반의문문

'형용사 + 不 + 형용사'의 형태로 '~합니까 ~하지 않습니까'의 의문의 의미를 나타낸다.

我的妹妹漂亮不漂亮? ≒ 我的妹妹漂亮吗?

연·습·문·제

1. 다음 문장을 중작하고 각각의 의문문, 부정문을 만드시오.

그의 여동생은 예쁘다.

(중작)

(의문문)

(부정문)

2. 다음의 문장을 순서에 맞게 나열하시오

① 的 哥哥 他 长得 帅 不 帅

② 漂亮 不 漂亮 你 姐姐

06

你家有几口人?

핵심체크

- 有의 용법 (有자문)
- 가족관계를 나타내는 단어
- 직업을 물어 보는 표현

단어학습

家	jiā	집
爸爸	bàba	아버지
妈妈	māma	어머니
姐姐	jiějie	언니
弟弟	dìdi	남동생
做	zuò	~을 하다.
工作	gōngzuò	직업
大夫	dàifu	의사
U盘	U pán	USB
自行车	zìxíngchē	자전거
电话	diànhuà	전화
只	zhǐ	오직, 나만
智能手机	zhìnéngshǒujī	스마트폰

본문 1

A：你家有几口人?
Nǐ jiā yǒu jǐ kǒu rén?

B：我家有五口人。爸爸，妈妈，姐姐，弟弟，和我。
Wǒ jiā yǒu wǔ kǒu rén. Bàba, māma, jiějie, dìdi hé wǒ.

A：你爸爸做什么工作?
Nǐ bàba zuò shénme gōngzuò?

B：他是大夫。
Tā shì dàifu.

A：那么，你妈妈呢? 她也是大夫吗?
Name, nǐ māma ne? Tā yě shì dàifu ma?

B：不是，她是老师。
Bú shì, tā shì lǎoshī.

해석

A : 가족이 몇 명입니까?
B : 5명입니다. 아빠, 엄마, 누나, 남동생 그리고 저입니다.
A : 아버지는 무엇을 하십니까?
B : 의사입니다.
A : 그럼 어머니는요? 역시 의사이십니까?
B : 아니오, 선생님이세요.

본문 2

A：你有U盘吗?
Nǐ yǒu U pán ma?

B：没有。
Méi yǒu.

A：那么，你有MP3吗?
Name, nǐ yǒu MP3 ma?

B：有。
Yǒu.

해석

A : 너 USB 있어?
B : 없어.

A : 그럼, MP3 있어?
B : 응

본문 3

A：你哥哥有没有自行车?

Nǐ gēge yǒu méi yǒu zìxíngchē？

B：他有自行车。

Tā yǒu zìxíngchē.

A：你家有电话吗?

Nǐ jiā yǒu diànhuà ma？

B：我家没有电话，只有智能手机。

Wǒ jiā méi yǒu diànhuà, zhǐ yǒu zhìnéngshǒujī.

해석

A : 네 형 자전거 있어 없어?
B : 자전거 있어.

A : 집에 전화 있어?
B : 우리 집에 전화는 없고, 핸드폰밖에 없어.

어법 및 표현체크

1. 有자문

有자가 술어로 쓰인 문장을 말한다. '~이 있다'의 의미이다. 부정문을 만들 때, 통상 술어 앞에 不를 붙이는 것과 달리, 有 앞에 没를 써, 没有로 부정문을 만든다.

★ 他有电脑。 (평서문)

★ 他有电脑吗? (의문문 : 문장 끝에 吗를 붙인다)

★ 他没有电脑。(부정문 : 有앞에 没를 붙인다)

2. 有没有 정반의문문

'~이 있습니까 없습니까' 형태의 정반의문문의 형태로 의문문이다.

★ 他有没有手机? 그는 핸드폰이 있습니까 없습니까?

= 他有手机? 그는 핸드폰이 있습니까?

핵심표현

你家有几口人?
我家有五口人。爸爸, 妈妈, 姐姐, 弟弟和我。
你做什么工作?
我家没有电话。

연·습·문·제

1. 다음 단어를 알맞은 순서로 배열하시오.

① 你　爸爸　什么　有　手机

② 有　没有　家　他　电脑

2. 다음을 중작하시오.

① 우리 아빠는 의사입니다.

② 그는 핸드폰이 없습니다.

③ 우리 아빠는 책 읽는 것을 좋아합니다.

④ 나는 여자 친구가 있습니다.

⑤ 그 아이 집에는 고양이 한 마리가 있습니다.

* 女朋友nǚpéngyou 여자친구　* 小猫xiǎomāo 고양이

07

你在哪儿?

핵심체크

- 在의 용법
- 방위사

단어학습

在	zài	~에서, ~에 있다.
学校	xuéxiào	학교
医院	yīyuàn	병원
床	chuáng	침대
这儿	zhèr	여기
椅子	yǐzi	의자
后边儿	hòubiānr	뒷쪽
书桌	shūzhuō	책장
里边	lǐbian	안쪽
看电视	kàn diànshì	텔레비전을 보다.

본문 1

A：他在哪儿?

Tā zài nǎr?

B：他在学校。

Tā zài xuéxiào.

A：那么，你妈妈在哪儿?

Nàme, nǐ māma zài nǎr?

B：她在医院。

Tā zài yīyuàn.

해석

A : 그는 어디에 있습니까?
B : 학교에 있습니다.

A : 그럼, 당신의 엄마는 어디에 계십니까?
B : 그녀는 병원에 계십니다.

본문 2

A : 床在哪儿?
Chuáng zài nǎr?

B : 床在这儿。
Chuáng zài zhèr.

椅子在后边儿。
Yǐzi zài hòubiānr.

A : 那么，书桌呢?
Nàme, shūzhuō ne?

B : 书桌在里边儿。
Shūzhuō zài lǐbianr.

해석

A : 침대는 어디에 있지요?
B : 침대는 여기에 있습니다.
의자는 뒤쪽에 있지요.

A : 그럼 책장은요?
B : 책장은 안쪽에 있습니다.

본문 3

A：你在哪儿?

Nǐ zài nǎr?

B：我在家。

Wǒ zài jiā.

A：在家吗?

Zài jiā ma?

B：对! 我在家看电视。

Duì! wǒ zài jiā kàn diànshì.

해석

A : 너 어디에 있어?
B : 나 집에 있어.

A : 집에 있어?
B : 응! 집에서 텔레비전 보고 있어.

어법 및 표현체크

1. 존재를 나타내는 在

'~에 있다'의 뜻으로 사람이나 사물의 존재를 나타낸다.

★ 我在家。나는 집에 있다.

★ 你的书在哪儿。내 책은 거기에 있다.

★ 有도 사람이나 사물의 존재를 나타낸다.

那儿有谁？저기에 누가 있습니까?

那儿有两本书。저기에 책 두 권이 있습니다.

2. 전치사의 의미 在：~에서

'~에 있다'의 의미로도 쓰이지만 '~에서'의 의미로도 쓰인다.

★ 在+장소：~에 있다.

他在图书馆。

★ 在 + 장소 + 동사：~에서 ~하다(전치사의 의미)

他在图书馆学习。그는 도서관에서 공부를 한다.

3. 방위사：위치, 방향 등을 나타낼 때 사용한다.

上边/下边

里边/外边

前边/后边

左边/右边

연·습·문·제

1. 다음 문장을 중작하시오

① 휴대폰은 텔레비전 옆에 있습니다.

② 소파는 침대 왼쪽에 있습니다.

③ 아빠는 차 안에서 텔레비전을 보신다.

08

今天几月几号?

핵심체크

- 중국어로 날짜 표현하기
- 중국어로 요일 표현하기

단어학습

几	jǐ	몇
月	yuè	월
号	hào	일
有空	yǒu kòng	시간이 있다.
星期天	xīngqītiān	일요일
生日	shēngrì	생일
应该	yīnggāi	반드시 ~하다.
一起	yìqǐ	함께
吃饭	chīfàn	밥을 먹다.

본문1

A：今天几月几号?
Jīntiān jǐ yuè jǐ hào?

B：今天六月六号。
Jīntiān liù yuè liù hào.

A：今天星期几?
Jīntiān xīngqī jǐ?

B：今天星期二。
Jīntiān xīngqī èr.

해석

A : 오늘은 몇 월 몇 일 입니까?
B : 오늘은 6월 6일입니다.

A : 오늘은 무슨 요일입니까?
B : 오늘은 화요일입니다.

본문 2

A：星期天你有空吗?
Xīngqītiān nǐ yǒu kòng ma?

B：有，有什么事?
Yǒu, yǒu shénme shì?

A：星期天是我的生日。
Xīngqītiān shì wǒ de shēngrì.

B：真的吗? 那么，我们应该一起吃饭。
Zhēn de ma? Nàme wǒmen yīnggāi yìqǐ chīfàn.

해석

A : 일요일에 시간 있어?
B : 있어, 무슨 일 있니?
A : 일요일이 내 생일이야.
B : 정말? 그럼 우리 같이 밥먹어야지.

어법 및 표현체크

1. 시간명사

上个月	지난달
下个月	다음달
这个星期	이번주
上个星期	지난주
下个星期	다음주
前天	그저께
昨天	어제
今天	오늘
明天	내일
后天	모레
前年	재작년
去年	작년
今年	올해
明年	내년
后年	내후년

연·습·문·제

1. 다음을 해석하시오.

今天是我爸爸的生日。

明天是我的生日。

我们要去外边儿吃饭。

2. 다음을 어순에 맞게 나열하시오.

星期一　　星期五　　到　　是　　平日

Part II

관광회화

09

你去哪儿?

핵심체크

- 음식 주문시 사용하는 표현
- 계산시 사용하는 표현

단어학습

司机	sījī	운전기사
新罗大酒店	Xīnluó dàjiǔdiàn	신라호텔
从 ~ 到	cóng ~ dào	~에서 ~까지
如果	rúguǒ	만약에 ~라면
堵车	dǔche	차가 막히다.
要	yào	필요로 하다.
下车	xiàchē	(차에서) 내리다.
停车	tíngchē	차를 세우다.
一共	yígòng	

본문 1

A：你好！你去哪儿？
Nǐ hǎo! Nǐ qù nǎr?

B：我去新罗大酒店。
Wǒmen qù Xīnluó dàjiǔdiàn

A：好，上车吧。
Hǎo, shàngchē ba.

B：从首尔站到新罗大酒店要多长时间？
Cóng Shǒu'ězhàn dào Xīnluó dàjiǔdiàn yào duōc háng shíjiān?

A：如果不堵车，大约要50分钟。
Rúguǒ bù dǔchē, dàyuē yào wǔshí fēnzhōng.

해석

A : 안녕하세요! 어디에 가십니까?
B : 신라호텔에 갑니다.
A : 좋습니다. 타세요.
B : 서울역에서 신라호텔까지 몇 시간 걸립니까?
A : 차가 막히지 않으면, 50분 정도 걸립니다.

본문 2

A：地铁站在哪儿?
Dìtiězhàn zài nǎr ?

B：在那儿。 你在哪儿下车?
Zài nàr. Nǐ zài nǎr xiàchē?

A：在地铁的附近停车把。
Zài deìtiě de fùjìn tíngchē ba.

B：好!
Hǎo!

A：多少钱?
Duōshǎo qián ?

B：一共60元。
Yígòng liùshí yuan.

金：给您钱。
Gěi nín qián.

司：谢谢!
Xièxiè !

해석

A : 지하철역이 어디지요?
B : 저기에 있습니다. 어디서 내리실겁니까?
A : 지하철역 부근에서 세워주세요.
B : 네
A : 얼마입니까?
B : 모두 60원입니다.
金 : 여기 돈 드릴게요.
司 : 고맙습니다.

핵심표현

你去哪儿?
我去新罗大酒店。
你在哪儿下车?
在地铁的附近停车吧。
给你钱。
从首尔站到酒店要多长时间?

어법 및 표현체크

1. 从 ~ 到

~에서 ~까지의 뜻으로 시간, 공간을 나타내는 경우 둘 모두 쓰인다.

★ 从机场到你家要多长时间?

공항에서 너희 집까지 시간이 얼마나 걸리니?

★ 我从3岁到5岁一直跟着外婆。

나는 세살에서 5살까지 줄곧 외할머니 집에서 살았다.

연·습·문·제

1. 다음 문장을 어순에 맞게 배열하여라.

① 你　哥哥　家　的　到　学校

从　要　多长　时间

② 在　下车　哪儿

2. 다음을 중작하시오.

① 만약에 시간이 되면, 같이 밥 먹자

② 학교에서 극장까지 시간이 얼마나 걸리지?

10

你想吃什么?

핵심체크

- 음식 주문시 사용하는 표현
- 계산시 사용하는 표현

단어학습

想	xiǎng	~하기를 원하다.
好吃	hǎochī	맛있다.
单间	dānjiān	단독룸
用餐	yòngcān	식사하다.
菜单	càidān	메뉴
推荐	tuījiàn	추천하다.
烤肉	Kǎoròu	불고기
石锅拌饭	shíguō bàn fàn	돌솥비빔밥
麻婆豆腐	mápódòufu	마파두부
点菜	diǎncài	(음식을)주문하다.
啤酒	píjiǔ	맥주
上菜	shàngcài	음식을 서빙하다, 음식을 내오다.
吃饱	chī bǎo	배부르다.
结账	jiézhàng	결제하다.
总是	zǒngshì	항상
不好意思	bùhǎoyìsi	면목 없습니다. *실례합니다.
打包	dǎbāo	포장하다.
发票	fāpiào	영수증
请客	qǐngkè	대접하다.

본문 1

A：喂，是新罗菜馆吗?
Wéi, shì Xīnluó càiguǎn ma?

B：是的，您好！新罗菜馆。
Shì de, nín hǎo! Xīnluó càiguǎn.

A：你好，我想订今晚的单间。
Nǐ hǎo, wǒ xiǎng dìng jīnwǎn de dānjiān.

B：可以。您几点过来?
kěyǐ. Nín jǐ diǎn guòlái?

A：7点。
Qī diǎn.

B：好的，您贵姓?
Hǎo de, nín guì xìng?

A：我姓朴。
Wǒ xìng Piáo.

B：几位用餐?
Jǐ wèi yòngcān ?

A：7位
Qī wèi

B：好的，今晚7点，7位就餐。
Hǎo de, Jīnwǎn qī diǎn, qī wèi jiùcān.

A：谢谢。
Xièxie.

해석

A : 안녕하세요. 신라식당이지요?

B : 그렇습니다. 안녕하세요. 신라식당입니다.

A : 안녕하세요. 오늘 저녁에 단독룸을 예약하고 싶은데요.

B : 가능합니다. 몇 시에 오시지요?

A : 7시입니다.

B : 좋습니다. 성함이 어떻게 되시지요?

A : 박입니다.

B : 몇 분이 식사하시지요?

A : 7명입니다.

A : 네, 오늘 저녁 7명, 7분이 식사하시는 겁니다.

B : 감사합니다.

본문 2

A：美林，你想吃点儿什么？
Měilín，nǐ xiǎng chī diǎnr shénme?

B：有什么好吃的？
Yǒu shénme hǎochī de?

A：烤肉，石锅拌饭很好吃。
Kǎoròu，shíguō bàn fàn hěn hǎochī

B：那好吧。我就吃石锅拌饭。
Nà hǎo ba. Wǒ jiù chī shíguō bànfàn.

C：要点菜吗？这是菜单。
Yào diǎncài ma? Zhè shì càidān.

A：能给我们推荐一下吗？
Néng gěi wǒmen tuījiàn yíxià ma?

C：我们的麻婆豆腐很好吃。
Wǒmen de mápódòufu hěn hǎochī.

A：好的，来一个麻婆豆腐,两个石锅拌饭
Hǎo de, lái yí ge mápódòufu, liǎng ge shíguō bànfàn.

C：还要别的吗？喝点儿什么？
Hái yào bié de ma? Hē diǎnr shénme?

B：有瓶青岛啤酒吗？
Yǒu qīngdǎo píjiǔ 马?

C：有。
Yǒu.

A：好。来一瓶啤酒了。请快点上。
Hǎo. lái yī píng píjiǔ le. Qǐng kuàidiǎn shàng.

C：稍等，一会儿就上菜。

Shāo děng, yíhuìr jiù shàngcài.

해석

A : 미린아! 뭐 먹고 싶니?
B : 맛있는 거 뭐 있는데?
A : 불고기, 돌솥비빔밥이 맛있어.
B : 좋아. 난 돌솥비빔밥으로 먹을게.
C : 주문하시겠습니까? 여기 메뉴판입니다.
A : 추천 좀 해 주시겠어요?
C : 저희 마파두부가 맛있습니다.
A : 좋습니다. 마파두부 하나와 돌솥비빔밥 두 개 주세요.
C : 다른 것은요? 뭐 마실겁니까?
B : 청도맥주 있나요?
C : 있습니다.
A : 네, 청도맥주 한 병 주세요. 빨리 갖다주세요.
C : 조금만 기다리세요. 잠시 후에 갖다 드리겠습니다.

본문 3

A：我吃饱了。
Wǒ chī bǎo le.

B：我也吃饱了。服务员，结帐!
Wǒ yě chī bǎo le. Fúwùyuán, jiézhàng!

A：我来吧。总是你请客多不好意思啊。
Wǒ lái ba. Zǒngshì nǐ qǐngkè duō bùhǎoyìsi a.

B：别客气了。这次我请，下次你请我吃就行了。
Bié kèqì le. Zhè cì wǒ qǐng, xià cì nǐ qǐng wǒ chī jiù xíng le.

A：那好吧。
Nà hǎo ba.

B：这个菜打包吧。
Zhè ge cài dǎbāo ba.

C：一共80元。
Yígòng bāshíwǔ yuán.

C：好的。先生，这是您的发票。谢谢您的光临，请慢走。
Hǎo de. Xiānsheng, zhè shì nín de fāpiào. Xièxie nín de guānglín, qǐng mànzǒu.

해석

A : 배부르게 먹었다.
B : 나도 배불러. 종업원, 계산서 좀 주세요!
A : 내가 낼게. 매번 네가 사서 얼마나 미안한 지 몰라.
B : 괜찮아. 이번에는 내가 낼게. 다음에 네가 사면 되잖아.
A : 그래 그럼.
B : 이 음식은 포장해주세요.
C : 모두 80원입니다.
C : 네, 선생님. 영수증입니다. 와주셔서 감사합니다. 안녕히 가십시오.

핵심표현

你想吃点儿什么?

有什么好吃的?

要点菜吗? 这是菜单。

能给我们推荐一下吗?

来一个麻婆豆腐。

还要别的吗?

喝点儿什么?

我吃饱了。

服务员, 结帐!

这个菜打包。

어법 및 표현체크

1. 要

가지다, 원하다의 의미지만, 동사 앞에서 조동사의 의미로 쓰일 때는 '~할 것이다'의 의미로 쓰인다.

★ 가지다, 원하다.

你要什么?	무엇을 원하세요?
我要面包。	빵이 필요합니다.
你要不要咖啡?	커피 하실 거예요?
我不要香菜。	향채는 주지 마세요.

★ ~을 할 것이다.

你要喝什么?	무엇을 마시겠습니까?
你要点什么?	무엇을 주문하시겠어요?

연·습·문·제

1. 다음 단어를 바른 어순으로 배열하시오.

① 能　我们　给　以下　把　推荐

② 你们　什么　主食　有

③ 什么　想　吃　你们

④ 一杯　给　请　我　水

2. 다음을 중작하시오.

① 무엇을 드시겠습니까?

② 계산서 좀 갖다 주세요.

③ 배부릅니다.

④ 뭐가 맛있나요?

⑤ 물 한 잔 갖다 주세요.

⑥ 죄송하지만, 제가 추천 좀 해드리겠습니다.

11

这件衣服多少钱?

핵심체크

- A 还是 B
- 쇼핑시 필수 표현

단어학습

贵	guì	비싸다.
便宜	piányi	싸다.
颜色	yánsè	색깔
白色	báisè	흰색
红色	hóngsè	빨간색
试试	shìshi	한번 해보다, 한번 입어보다.
买	mǎi	사다.
水果	shuǐguǒ	과일
草莓	cǎoméi	딸기
称	chēng	무게를 재다.
斤	jīn	(무게의 단위)근, 500g

본문 1

A：买点儿水果吧。
Mǎi diǎner shuǐguǒ ba.

B：好。
Hǎo.

A：我们买个草莓怎么样?
wǒmen mǎi ge cǎoméi zěnmeyàng?

B：好! 多少钱一斤?
Hǎo! Duōshǎo qián yì jīn?

C：两块八一斤。
Liǎng kuài bā yì jīn.

B：还好! 给我们称一斤吧。
Hái hǎo! Gěi wǒmen chēng yí jīn ba.

해석

A : 과일 좀 사자.
B : 좋아
A : 딸기 좀 사는 게 어때?
B : 좋아! 한 근에 얼마예요?
C : 2.8원입니다.
B : 괜찮네요! 한 근만 주세요.

본문 2

A：这件衣服多少钱?
Zhè jiàn yīfu chènyī duōshǎo qián?

B：180元。
180 Yuán.

A：太贵了。能再便宜点儿吗? 140元, 怎么样?
Tài guì le. Néng zài piányi diǎnr ma? Yìbǎi sìshí yuán, zěnmeyàng?

B：不行, 最低170元。
Bù xíng, zuì dī 170 yuán.

A：那好吧。还有别的颜色吗?
Nà hǎo ba. Hái yǒu bié de yánsè ma?

B：有白色和红色。
Yǒu báisè hé hóngsè.

A：我要红色的。
Wǒ yào hóngsè de.

B：要不要试试?
Yào bú yào shì shì?

A：好的。
Hǎo de.

B：您要用现金还是信用卡?
Nín yào yòng xiànjīn háishì xìnyòngkǎ?

A：我要用现金。
Wǒ yào yòng xiànjīn

해석

A : 이 옷은 얼마입니까?
B : 180원입니다.
A : 너무 비쌉니다. 좀 더 싸게 안 되나요? 140원 어떻습니까?
B : 안 됩니다. 최저가 170원입니다.
A : 그럼 좋습니다. 다른 색깔 있습니까?
B : 빨간색과 흰색이 있습니다.
A : 빨간색으로 주십시오.
B : 입어보시겠어요?
A : 좋습니다.
B : 현금으로 하시겠습니까 신용카드로 하시겠습니까?
A : 현금으로 하겠습니다.

핵심표현

这件衣服多少钱?

太贵了。

能再便宜点儿吗?

还有别的颜色吗?

您要用现金还是信用卡？

어법 및 표현체크

1. 打折

'세일하다, 할인하다'의 뜻

★ 打9折　　10% 세일

★ 打7折　　30% 세일

2. A 还是 B

의문문에서 A 혹은 B의 뜻

★ 要用现金还是信用卡?

현금으로 하실래요 아니면 신용카드로 하실래요?

★ 要咖啡还是牛奶?

커피 마실래 우유 마실래?

★ 要去图书馆还是我家?

도서관 갈래 우리 집 갈래?

연·습·문·제

1. 다음 단어를 어순에 맞게 나열하시오.

① 能　我　帮　推荐　以下

② 再　便宜　能　一点儿　把

③ 别的　有　还　颜色

2. 다음을 중작하시오.

① 세일되나요?

② 좀 더 싸게 해 주세요.

③ 다른 색깔 있나요?

④ 사과로 살래 수박으로 살래?

[저자소개]

박 지 언

한양대학교 영어영문학, 중어중문학(부)전공
한양대학교 국제학대학원 졸업(중국학 전공)
현 경민대학교 출강

저서

Tourism Communicative Chinese and English

기초관광생활 중국어

인쇄 2015년 2월 25일
발행 2015년 3월 2일

저 자 박 지 언 저
발행인 임 영 철
발행처 도서출판 신화진산기획
주소 / 서울특별시 성동구 행당동 19-55
전화 / (02) 833-5145~6
팩스 / (02) 848-2498
등록 / 301-2010-034
홈페이지 / www.shj.co.kr

값 15,000원 ISBN 978-89-5534-181-2 93720